AF224712

PÉTITION.

LA question sur la liberté des Negres est d'une importance aujourd'hui reconnue par toutes les Puissances qui s'en servent dans leurs Colonies, & l'on sçait que déjà le Danemarck & l'Angleterre ont déterminé chez eux l'abolition de la traite des Esclaves.

Cet objet intéresse la France plus particulierement encore que les autres Puissances, en ce qu'il tient au principe fondamental de la nouvelle Législation Françoise. Il étoit bien de principe aussi, dans l'ancienne, qu'il ne peut y avoir d'Esclaves en France ; mais les Administrateurs du Gouvernement François n'appliquant ce principe qu'à la France, prise dans le sens géographique, toléroient l'esclavage dans les Colonies. Aujourd'hui il n'y a plus moyen d'escobarder sur la Loi qui interdit l'esclavage, non seulement en France, mais dans toutes les parties de la domination Françoise ; tout ce que la cupidité a pu inspirer pour faire encore une exception, est absurde & détestable. Et certes, si la sophistiquerie parvenoit à étouffer assez la raison & le bon sens pour faire allier dans la Législation Françoise l'esclavage avec la Déclaration des Droits de l'Homme, les hommes, que cette Déclaration reconnoît égaux, ne seroient plus (sous le Gouvernement François) qu'égaux à des Esclaves ; il n'y auroit décidément plus de Loi constante ; tout dans le Gouvernement seroit livré à l'arbitraire.

A cette considération, qui rend la cause des Noirs commune à tous les François, vint se joindre, dans le mois de Décembre, la nouvelle des horribles désastres arrivés à Saint-Domingue. Voilà ce qui a donné lieu à ma précédente Pétition, mise sous les yeux de l'Assemblée Nationale, & rendue publique, par voie d'impression, dans le mois de Décembre.

Les Enrôlemens de Negres & les Traités avec les Princes Africains, que les Anglois viennent de faire, venant à l'appui de ceux que je proposois dans ma Pétition, cet exemple m'a porté à insister & à développer de plus en plus mes idées : tel est l'objet de cette nouvelle Pétition.

Il seroit fort à désirer que l'opinion publique se manifestât sur des objets de cette importance. Quelques-uns disent que c'est aux villes de Commerce à faire entendre leur vœu sur cette matiere ; il faut pour le coup désespérer du salut de la France, si, dans le moment même que l'on regarde comme celui de la régénération, l'on s'isole déjà d'un objet qui tient de si près au bien général, à l'humanité, aux principes nouvellement consacrés, & dont, en un mot, la décision (en partant du dogme de l'égalité) ne porte pas plus, pour ainsi dire, sur la liberté des Negres, que sur celle des François eux-mêmes.

Quant à ceux qui ont paru surpris que les Exemplaires de ma Pétition ne fussent pas signés, j'ai à leur répondre qu'elle a été présentée à l'Assemblée, revêtue de ma signature, & répandue parmi les personnes de ma connoissance sous mon nom. Que je réussisse bien ou mal, je ne recherche, quant à moi, ni le mystere, ni la publicité.

PÉTITION AMPLIATIVE,

EN FAVEUR DES BLANCS ET DES NOIRS,

ET PROJET

D'UN TRAITÉ IMPORTANT

POUR LES COLONIES ET POUR L'ÉTAT.

CITOYENS,

Les désastres de nos Colonies se perpétuent, & ma Pétition tendante à en arrêter le cours, mise sous vos yeux depuis le mois de Décembre, & qui sera annexée à celle-ci, est encore sans réponse.

Il s'agit de sauver ce qui reste de Blancs & de Noirs, de conserver les Colonies à la Métropole, & de respecter la Loi.

Sur ce que j'ai proposé, que l'on substituât à la traite des Noirs esclaves une traite de Noirs à titre de simple enrôlement, & que le Gouvernement François négociât à cet effet avec les Princes Africains, l'on a demandé comment l'on pourroit enrôler des Negres & faire aucun Traité avec des Princes Noirs?

Entre plusieurs réponses à faire à ces objections, je me bornerai à une seule, c'est que les Anglois viennent d'enrôler des Negres; ils viennent de faire des Traités avec des Princes Noirs, les Rois de Temba & de Nembana, & d'acquérir d'eux des terres sur les côtes de Guinée & de Malaguetta : c'est dans ce sol fertile que les Anglois vont former des établissemens précieux, cultivés par des Negres engagés, & non par des Esclaves. Il n'y a donc plus à discuter sur la possibilité d'employer des Negres enrôlés au lieu de Negres esclaves, ni sur celle de faire des Traités

A

avec des Princes Noirs. L'exemple des Anglois répond à tout, & notre Gouvernement ne peut trop s'empresser de traiter avec ces Princes Africains, non seulement à l'égard des enrôlemens dont j'ai parlé, mais encore à l'effet d'obtenir des concessions pareilles à celles qui viennent d'être accordées aux Anglois. Ces nouveaux Etablissemens offriroient même un asile à ceux des Negres de nos Colonies qui, après leur engagement, voudroient jouir de la liberté dans leur pays, sans être exposés à la mauvaise foi reprochée à leurs Chefs.

Outre de grands avantages faciles à envisager pour l'avenir, la France trouveroit dès actuellement dans ce nouvel Etablissement, celui d'écarter de ses Colonies Américaines jusqu'à la trace de l'ancienne servitude, en même temps qu'elle répandroit des semences de la liberté & de la civilisation dans ces climats Africains, où l'humanité gémit sous le plus affreux esclavage.

Quoi qu'il en soit, François, ne perdez pas de vue qu'il ne peut être question de sçavoir si les Noirs sont libres ou esclaves; la Déclaration des Droits de l'Homme subsistant, ils sont libres de droit, ou vous ne l'êtes pas.

Mais leur affranchissement a fait naître des questions d'une autre espece, comme celles de sçavoir sur quel pied l'on peut faire la traite des Negres, qui ne peut plus être continuée à titre d'esclavage. Quelles sont les nouvelles obligations que l'acquisition de la liberté impose aux nouveaux Affranchis ? Quelle est, en un mot, la position respective des Blancs & des Noirs de nos Colonies dans le nouvel ordre des choses ?

Ces questions, dont je crois avoir donné la solution dans ma Pétition précédente, sont de celles qui, pour le bien de l'Etat & de l'humanité, eussent dû être traitées avant la publication des Droits de l'Homme, ainsi que les meilleurs esprits le reconnurent dans le temps : il en est arrivé autrement, & l'on peut dire que, dans les fastes des Nations, l'on trouve peu de fautes qui ayent été fuivies de plus funefles effets ; des Décrets contraires à la Déclaration des Droits de l'Homme, & s'entredétruifant eux-mêmes, ont encore contribué à porter le mal à fon comble.

Ne comprendra-t-on jamais que des Loix contradictoires font le plus grand des fléaux pour la fociété des hommes? Elles font, dans des temps orageux, des arrêts de deftruction ; & dans des temps calmes, l'inftrument de toutes les vexations. Il fembloit que l'on commençoit à fe pénétrer de cette vérité. N'eft-ce pas en effet pour donner une regle invariable aux Rédacteurs des Loix, pour tracer un cercle que ni eux ni le Prince ne puffent déformais franchir, en un mot, pour bannir à jamais de nos Loix & de notre Gouvernement l'arbitraire & la contradiction, que l'on a imaginé la Déclaration des Droits de l'Homme? Sous ces rapports je la reconnois un bienfait pour l'humanité : je n'examine point fi la Déclaration des Droits de l'Homme d'Amérique differe de la Déclaration des Droits de l'Homme de France ; mais il faut dans tout Gouvernement un point d'appui. Ces Légiflateurs, qui faifoient parler les Dieux dans leurs Loix, ces Bois, qui en donnerent en leur propre & privé nom, n'avoient le plus fouvent pour regle que leur imagination) ou leurs paffions ; mais dans une Légiflation reftreinte au cercle étroit de ce que l'on appelle Droits de l'Homme ; rien ne peut excufer l'arbitraire & la contradiction ; une Déclaration des Droits de l'Homme eft, de la part de la Nation qui l'adopte, le ferment de n'y point attenter, l'aveu folennel qu'elle n'en a pas le droit ; que tout ftatut qui y attenteroit ne feroit pas obligatoire, ne feroit pas une Loi, feroit un acte oppofé à l'effence de la Loi même, en un mot, un acte impie dont la refponfabilité, fi elle ne retomboit pas fur fes auteurs, retomberoit fur la Nation même.

Cette refponfabilité, François, nous n'avons pas tardé à l'éprouver par la flamme & le fer ; & que doit-on attendre

en effet, si la Déclaration des Droits de l'Homme, subíti-
tuée hier à tous les anciens liens, est violée elle-même
aujourd'hui ?

Mais ce qui paroît incroyable, c'est de voir en même
temps le parti de la Révolution agir contre la Révolution,
& le parti de l'Opposition agir en contre-opposition, telle-
ment que les deux partis se combattent & se soutiennent à
la fois, & qu'ils déchirent impitoyablement en tout sens
la France, dont ils se disent pourtant les défenseurs & les
restaurateurs.

C'est ainsi qu'au sujet de nos Colonies l'on a vu le parti
de la Révolution maintenir le Despotisme barbaresque des
Blancs, malgré ses principes opposés au Despotisme, & le
parti de l'Opposition favoriser l'insurrection des Noirs, quoiqu'il soit l'ennemi déclaré de l'insurrection ; & l'on peut
dire que si la France perd ses Colonies, c'est parce que
chaque parti n'a point craint de violer les principes par lui-
même adoptés; de même que si les désastres sont plus horribles
encore dans les Colonies que dans la Métropole, c'est que
la contradiction des principes y est encore plus excessive;
car tel qui veut, au nom des Droits de l'Homme, être au-
moins l'égal du Chef des Bourbons, n'en est pas moins
acharné à voir son esclave dans son semblable (1).

____

(1) Si, par exemple, le parti de l'Opposition eût agi selon ses principes, tout
le monde conviendra qu'il lui étoit bien facile d'arrêter dès le commencement
l'insurrection des Negres, puisqu'il ne lui falloit pour cela que procurer aux
Colons de Saint-Domingue l'assistance qu'ils attendoient de la part des Espagnols.
Le Cabinet de Madrid n'eût point refusé cette assistance aux Princes François,
& parce qu'ils avoient lieu de la réclamer, tant au nom des anciens Traités qu'au
nom de leurs nouvelles relations avec l'Espagne, que parce qu'il étoit de l'intérêt
de l'Espagne même d'arrêter dans la partie Françoise de Saint-Domingue une insurrection qui peut s'étendre dans la partie Espagnole, & parce que le salut des
Colonies Françoises, opéré par le parti de l'Opposition, eût prodigieusement ac-
crédité ce parti avec lequel l'Espagne étoit alors déclarée. D'un autre côté, si c'eût
été le parti de la Révolution qui eût agi conformément à ses principes, rien ne
lui étoit plus facile que d'envoyer aux Colonies douze mille hommes de troupes,
des Commissaires, & un Réglement qui fît droit aux Blancs & aux Noirs, conformément aux principes nouvellement consacrés ; ainsi l'un & l'autre parti, en restant
fidele à ses principes, maintenoit, par des voies différentes, la tranquillité dans
les Colonies; au lieu qu'en les violant, l'un & l'autre parti a également concouru

Mais si les Noirs ne peuvent pas plus que les Blancs être aujourd'hui esclaves sur aucun point de la domination Françoise, il ne s'ensuit pas, comme quelques-uns le prétendent, qu'ils doivent acquérir la qualité de Citoyens François; mille raisons politiques, civiles & morales s'opposent à cette incorporation, ou, pour mieux dire, à cette transformation des Colonies Françoises en Colonies Negres.

En politique, si vous attribuez le droit de Citoyen à la généralité des habitans des Colonies, dont les dix-neuf vingtiemes sont Negres, ces Negres forment dès-lors la masse du peuple de ces Colonies. Voilà, selon les principes consacrés dans le nouvel ordre des choses, le Souverain; il a le droit (je parle toujours d'après vous-mêmes) de se déclarer indépendant de la Métrople, comme l'Amérique septentrionale, ou se donner à une autre Puissance, comme Avignon : or, combien seroit funeste pour tous l'exercice de ces nouveaux droits? Ce seroit, à en juger seulement par les désastres & les horreurs qui ont déjà eu lieu, jeter une nouvelle pomme de discorde qui causeroit l'embrasement général & la destruction totale des Colonies.

Pour ce qui est de la partie civile, la France pourroit-elle seulement soutenir l'idée de condamner des François à figurer en minorité à côté de cette majorité de Negres reconnus leurs égaux en droits, & devenus leurs maîtres par le nombre de voix?

____

à mettre les Colonies en feu; tant il est vrai que, même dans une crise comme celle où se trouve la France, ce qui tend au bien général est encore la meilleure politique pour chacun des partis. Si l'on joint au double exemple que nous venons de citer, d'autres exemples semblables qu'offrent les événemens de la Révolution, l'on reconnoîtra que si les différens partis eussent eu pour but le bien & la régénération de la France, comme ils le prétendent tous, ils eussent fini par s'entendre, se rapprocher ; de quelque point qu'ils fussent partis, ils fussent venus se rallier aux mêmes principes. La crise se réduisoit à un choc d'opinions, mais à un choc général, jusqu'ici sans exemple chez aucun Peuple, & dont le développement & la conciliation eussent produit le meilleur Gouvernement qui ait encore existé; mais. si aucun des partis n'est capable d'écouter sa propre raison, ne peut se concilier avec lui-même, à plus forte raison la conciliation des uns avec les autres est impossible : dès lors l'Empire François, de toutes parts déchiré, ne peut échapper à une dissolution totale, à une fin la plus cruelle qu'ait encore éprouvé aucun Peuple; tous les maux d'une Révolution aussi extraordinaire auront été pour la France, & le bien dont elle portoit le germe sera pour des Peuples plus fideles.

Enfin, quant à la morale, que croit-on qu'elle pourroit être dans un pays où les turpitudes Africaines régneroient & se marieroient avec tous les vices Européens? Il n'est point d'abomination pareille.

Non, François, vous ne pouvez ni convertir les Negres en Citoyens François, ni les retenir dans l'esclavage. La Déclaration des Droits de l'Homme, voilà l'acte de leur affranchissement, & il ne s'en peut de plus solennel; mais ils deviennent, par le fait même de cet affranchissement, débiteurs indigens, étrangers & dangereux.

Débiteurs; car le prix pour lequel ils ont été vendus par leur propre Gouvernement & selon les Loix de leur pays, devient, par le fait de leur affranchissement, le prix de leur rançon; & qui est-ce qui le doit, si ce n'est eux? Indigens; car les Colons, leurs anciens Maîtres, ne leur doivent plus rien, pas même la nourriture & l'habit : étrangers; car ils ne tiennent plus aux Colonies par aucun lien, pas même par celui de l'esclavage : dangereux, puisqu'à l'ignorance, à l'immoralité, à la prodigieuse supériorité du nombre, ils joignent aujourd'hui l'indigence & la liberté.

Comme débiteurs & indigens, ils ne peuvent s'acquitter ni subsister que par leur travail ; comme étrangers, ils n'ont aucun droit politique ; comme dangereux, le Gouvernement est dans l'obligation de prendre les mesures nécessaires pour les contenir, sans violer la Déclaration des Droits de l'Homme ; & comme cette Déclaration, en les rendant libres, ne les exempte pas de travailler pour vivre, ne les acquitte pas du prix de leur rançon, ne leur donne pas le droit de devenir voleurs, assassins, bourreaux de leurs anciens Maîtres; le tout, en derniere analyse, se réduit au convertissement de la qualité d'esclaves en celles de mercenaires étrangers, ou d'enrôlés, qui seront moins directement sous la main des Colons, & plus sous celle du Gouvernement ; & certes, il n'y avoit pas, dans des tempéramens aussi simples, de quoi faire répandre une goutte de sang, de quoi faire incendier

une cabane ; de quoi diminuer d'une livre les récoltes-co-
loniales. Ces tempéramens concilient tout, ils s'accordent
avec la Déclaration des Droits de l'Homme, avec les droits
politiques de la France, avec les intérêts de son commerce,
avec ceux des habitans Blancs ou Noirs, en un mot, avec
toutes les vûes que le Législateur doit avoir présentes dans
une affaire de cette nature (1).

Que si vous persistez, François, à avoir des esclaves,
hâtez-vous de supprimer la Déclaration des Droits de
l'Homme ; vous pouvez, sans cette Déclaration, être encore,
à votre choix, Grecs, Romains ou François. Tous ces Peuples malheureusement & bien d'autres, eurent des esclaves : mais ce qui ne s'est jamais vu, ce qui plonge-
roit une Nation dans un abîme de maux, & finalement dans
une barbarie dont il n'est point d'exemple, ce seroit de
joindre une Déclaration d'esclavage à une Déclaration
des Droits de l'Homme, de déclarer que tous les

____

(1) Ceci doit servir de réponse à ceux qui regardent que la France, depuis
qu'elle a reconnu l'indépendance des Colonies Angloises insurgentes, n'a plus de
droit légitime sur ses propres Colonies.

Chez les Insurgens Anglois, la masse de la population étoit composée de Citoyens ; dans nos Colonies, elle est composée d'Etrangers, de Negres transportés de leur
pays pour le service de nos Colonies, ci-devant à titre d'esclaves, désormais à titre
d'engagement. De ce Peuple d'Africains, qui ne sont pas Citoyens, & d'une poignée
d'Européens, qui ne sont pas le Peuple, il est provenu une troisieme race, celle des
Mulâtres. Voilà les indigenes qui (si leur multiplication n'éprouve point d'obstacle)
composeront un jour la masse du Peuple colonial ; mais dans l'état actuel des
choses & suivant le plan que je propose, la puissance ne peut résider dans aucune
de ces trois peuplades, chacune, au contraire, a besoin contre l'autre de l'autorité,
de la protection continue de la Métropole ; comme toutes les trois en ont besoin
contre les ennemis communs. Il n'y a & ne peut y avoir dans des Colonies com-
posées de cette maniere, d'autre force publique que celle de la Métropole ; & l'on
ne voit pas plus dans les nouveaux principes que dans les anciens, sur quel fonde-
ment l'une de ces trois races pourroit élever la prétention de réguer souveraine-
ment sur les deux autres. L'on voit encore moins comment il seroit possible que
ces trois races se confédérassent pour ravir à la Métropole la souveraineté, &
l'exercer toutes trois en commun ; toutes les trois ont un intérêt manifeste à rester
sous la souveraineté de la Métropole, plutôt que de tomber sous la souveraineté l'une
de l'autre. Les droits de la France sur ses Colonies ne sont donc pas fondés seulement sur la force & sur la puissance, mais encore sur l'intérêt de toutes les
classes d'habitans ; par conséquent la France réunit, à l'égard de ses Colonies, tout
ce qui constitue le droit le plus légitime de la souveraineté ; position très-dif-
férente de celle où se trouvoit l'Angleterre à l'égard de l'Amérique septentrionale.

hommes sont libres, & que tous les hommes ne sont pas libres. Voilà pourtant, voilà ce que l'on ose proposer au sein de l'Assemblée Nationale : cette incroyable question a déjà occupé deux Législatures ; elle partage Députés, Tribunes & le Corps même de la Nation. Il se pourroit (quelle honte pour la France !) que les autres Métropoles Européennes reconnussent, sans aucune Déclaration des Droits de l'Homme, la liberté de leurs Negres, pendant que les François seront encore à disputer, les Droits de l'Homme à la main, sur la liberté des leurs ; & ce qu'il y a de plus déplorable, combien de massacres, d'incendies & d'horreurs cette dispute a-t-elle déjà occasionnés ! Combien de ceux mêmes qui ont juré de sacrifier leur vie pour la défense de la liberté, sont prêts à l'aller sacrifier pour la défense de l'esclavage !

Si personne, au reste, n'ignore que susciter la liberté seroit un crime aux yeux d'un Gouvernement fondé sur l'esclavage, l'on doit concevoir qu'à plus forte raison susciter l'esclavage en doit être un aux yeux d'un Gouvernement qui se dit fondé sur la liberté. Il n'est pas plus permis de demander, sous l'empire des Droits de l'Homme, si les François peuvent avoir des esclaves, que de demander s'ils peuvent l'être. Promulguer par des Loix formelles & l'égalité en droit & l'esclavage de fait, seroit réduire les hommes à une égalité réelle d'esclavage ; les uns une fois asservis, les autres, dès qu'ils ne sont que leurs égaux en droits, peuvent l'être tout aussi légitimement. Si l'on peut prendre à l'égard des uns le prétexte de la couleur, l'on pourra prendre à l'égard des autres celui de l'habit ou du culte, ou d'autres semblables prétextes : les plus favorisés aujourd'hui seront demain les plus opprimés ; en un mot, il n'exista jamais de peuplade aussi servile, aussi avilie, ni menacée d'autant de malheurs que celle qui seroit assujettie à des Loix qui déclareroient que tous les hommes sont libres, & que tous les hommes ne sont pas libres. C'est donc la cause de tous les François, & non pas seulement celle des

Noirs

Noirs que je défends ici ; c'est pour tous les François que je suis formellement opposant à ce que l'on associe aucune Déclaration de l'esclavage à la Déclaration des Droits de l'Homme. Je ne reconnois pas ce droit, fût-ce à toutes les Nations du monde assemblées.

Je persiste donc dans tous les chefs de ma Pétition pro-duite le 17 Décembre à l'Assemblée Nationale, observant seulement à l'égard des douze mille hommes à envoyer dans les Colonies, qu'attendu les circonstances de la guerre il n'en sera pris qu'une partie dans les troupes de ligne, le surplus sera tiré des Gardes nationales, en prenant les hommes, non pas par la voie du sort, mais par inscription volontaire, & en donnant, en cas de surabondance de sujets, la préférence à l'ancienneté de service.

Je demande, additionnellement à ma susdite Pétition, que le Roi soit invité à traiter, au nom de la Nation, avec un ou plusieurs Souverains des côtes d'Afrique, à l'effet d'en obtenir la concession des terreins qui seront cultivés tant par des Negres enrôlés à cet effet, que par les Negres de nos Colonies, qui, après l'expiration de leur engagement, y seroient transportés, au terme de l'article IV de ma précédente Pétition, & auxquels l'on accorderoit des portions de terre, pour en jouir sous la protection de la France, & sous les Loix qu'elle leur donneroit.

Enfin que le Comité Colonial soit chargé de présenter très-incessamment, & au jour qu'il plaira à l'Assemblée de fixer, le Projet d'un Réglement provisoire relatif aux changemens que le nouvel ordre des choses apporte à la position respective des Blancs & des Noirs.

Conclusions.

PÉTITION à l'Assemblée National, & Avis au Peuple François, en faveur des Blancs & des Noirs, mis sous les yeux de l'Assemblée Nationale, & rendus publics par la voie de l'impression, en Décembre 1791.

L'ON sçait que la conservation de nos Colonies a toujours été un des grands objets de la vigilance du Gouvernement François. Aujourd'hui les plus affreux désastres, le massacre des Blancs & des Noirs, les Habitations livrées aux flammes, des pertes évaluées déjà à six cents millions, tant de maux trouveront-ils les François insensibles ? Ce ne seroit pas assez d'accuser leur insensibilité, il faudroit les accuser encore d'être en contradiction avec leurs principes. Or, quelle Société pourroit subsister, si les principes qui la cimentent s'entrechoquent & se détruisent ?

Je vous le dis, François, ce qui divise les hommes en société, ce n'est pas tant la contradiction de ce qu'ils appellent leurs intérêts, que la contradiction de leurs opinions & de leurs principes. Toutes les classes de la Société, que dis-je ? tous les individus ont des intérêts opposés ; ils n'en sont pas moins unis s'ils suivent les mêmes principes. Sont-ils divisés en principes ? vous les voyez en guerre, fussent-ils même unis d'intérêts ; tant il est vrai que les intérêts qui tiennent purement aux combinaisons des hommes ne sont que des intérêts présumés, & sur lesquels ils sont très-sujets à se tromper ; au lieu que l'intérêt véritable, l'intérêt dominant des hommes en société, est celui que tous ont de se rallier aux mêmes principes.

Pesez ces vérités, François, elles méritent toute votre attention. Combien, au reste, est bienfaisante & salutaire cette morale que trop souvent l'on vous a présentée sous un aspect défiguré ! Je ne vous dirai point, par exemple, comme d'autres vous ont dit : *Périssent nos Colonies plutôt que de sacrifier un principe !* mais je vous dirai : Ne sacrifiez les principes à aucune sorte de considération, & les Colonies ne périront point ; & le salut des Colonies, dû à votre fidélité aux vrais principes, peut être encore le gage du salut de la France entiere.

La qualité d'être *libre* ne peut faire une question là où la qualité d'homme n'en sçauroit faire une. Voilà le principe le plus généralement consacré dans le nouvel ordre des choses : voilà la base fondamentale de la Constitution. Avant donc de demander si le Noir peut être esclave du Blanc, il faut mettre en pieces la Constitution, ou décréter que le Noir n'est pas homme : en un mot, ajouter aux maux de l'esclavage, une abjection pire que l'esclavage même, c'est ce dont il est impossible de disconvenir. Mais ce qui n'est pas moins incontestable sans doute, c'est qu'il ne fallût pas exposer les Blancs à être eux mêmes mis en pieces par ces nouveaux Affranchis, ni l'Etat à perdre ses Colonies. François de tous les partis, que chacun de vous s'interroge, & qu'il dise s'il peut méconnoître ces vérités : suivons-les donc dans la conduite que nous avons à tenir.

 Je demande en conséquence, premiérement, que les Noirs étant déclarés libres par la Constitution, la traite des Negres, à titre d'esclavage, soit abolie, & qu'il lui soit substituée une traite à titre de simple enrôlement ou d'engagement.

Secondement, que cette nouvelle espece de traite comporte trois périodes pour le temps de l'engagement de chaque Negre.

Pendant la premiere, qui fera celle d'apprenti, le Negre n'aura point de falaire.

Pendant la feconde, qui fera celle de compagnon, le falaire qui aura été réglé fera pour le rembourfement de ce qu'il en aura coûté, foit à l'Etat, foit au particulier qui aura fait la traite.

Pendant la troifieme, qui fera celle de vétéran, le falaire, fur le même pied qu'à la feconde période, fera mis en maffe, jufqu'à concurrence de la fomme néceffaire pour tranfporter le Negre dans fon pays, avec une pacotille à l'ufage du pays, propre à lui procurer l'aifance dont il peut jouir parmi les fiens.

S'il aimoit mieux refter & faire un nouvel engagement, la fomme mife en maffe pour l'objet ci-deffus, lui feroit remife, & acquife comme fa propriété.

Troifiémement, les enfans provenans de Noirs & de Négreffes feront reconnus appartenir à la Nation Negre ; & cependant étant nés fur le territoire de l'Empire François, & pendant l'engagement de leurs pere & mere, ils feront élevés & entretenus, dans l'enfance, aux frais du Maître de leurs parens ; parvenus à l'âge d'adolefcence, ils feront en état d'engagement, dont ils auront à parcourir les trois périodes, ainfi qu'il a été prefcrit à l'égard des Negres enrôlés en Négritie, avec cette feule différence que le falaire de la feconde période fera retenu pour rembourfer les frais de leur entretien & éducation (1).

Quatriémement, qu'il foit décrété que le Negre fera toujours remis dans fon pays à l'expiration de fon engagement, ou du renouvellement.

Cinquiémement, notre Gouvernement ménagera avec le Gouvernement Africain un Traité, par lequel le Gouvernement Africain fera tenu d'affurer au Negre, de retour après fon engagement, la jouiffance de la pacotille qu'il aura apportée ; & l'on ne pourra le revendre à aucune Nation.

Sixiémement, la Loi qui déclare les Negres libres, ne pouvant pas en même temps les déclarer quittes des fommes qu'ils ont coûtées ; ne pouvant, par un effet rétroactif, imputer, à titre d'acquittement, les fervices précédemment rendus, fuivant les Loix anciennes, à titre d'efclavage, les Negres de nos Colonies refteront en état d'engagement, pour en remplir les conditions felon le projet énoncé ci-deffus.

---

(1) Quant aux enfans nés d'un Blanc & d'une Noire, ou d'un Noir & d'une Blanche, quoiqu'ils n'appartiennent proprement ni à la Nation Negre, ni à la Nation Blanche, qu'ils foient provenus d'une co-habitation proferite, & qu'ils foient d'un fang mêlé, ils n'en font pas moins des hommes, des êtres libres : aujourd'hui ils joignent aux droits qu'ils avoient déjà, de nouveaux droits par leur dernier Concordat avec les Blancs ; & la Conftitution eft pour eux. Mais la Conftitution ne nous obligeant pas d'entretenir & multiplier ce mélange, il fera néceffaire de faire, à l'égard des enfans qui, par la fuite, naîtront du commerce des Blancs & des Noirs, une Loi particuliere, dont je me propofe de donner le projet.

Septièmement, l'engagement de ceux des Negres révoltés qui feront légalement convaincus d'avoir contribué, autrement que par une jufte défenfe, aux défaftres qui viennent d'arriver à Saint-Domingue, fera prolongé en raifon de l'indemnité, qui eft la moindre peine à laquelle les affujettiffent leurs forfaits; feront punis de mort les chefs feulement, & quelques-uns des plus coupables.

Huitièmement, attendu le grand éloignement & le danger imminent des Colonies, il fera fans retard envoyé à Saint-Domingue, en premier lieu, par l'Affemblée Nationale, une Commiffion prife parmi fes Membres, laquelle fera autorifée à rendre des décrets, mais fur les cas d'urgence feulement; en fecond lieu, par le Roi, une Commiffion autorifée à fanctionner ces décrets d'urgence, & chargée, fur fa refponfabilité, de faire exécuter les décrets fanctionnés ou légalifés : & comme il ne pourra, ainfi qu'il vient d'être dit, être rendu que des décrets d'urgence, la Commiffion Royale fera tenue d'y appofer foit fa fanction, foit fon veto, dans les vingt quatre heures.

Ne feront point fujets au veto, & feront légalifés de plein droit les décrets rendus fur l'initiative, ou revêtus de l'approbation en forme de l'Affemblée Coloniale, pourvu que cette initiative ou cette approbation foit formée par la majorité des deux tiers au moins des Membres de l'Affemblée Coloniale, lefquels deux tiers fe prendront non pas feulement felon le nombre des Membres préfens à la délibération, mais felon le nombre des Membres portés fur le tableau.

Neuvièmement, le Gouvernement enverra, dans le plus court délai poffible, douze mille hommes de troupes de ligne, ou davantage s'il eft jugé néceffaire, pour rappeler à l'obéiffance les révoltés, & donner imperturbablement force à la Loi.

Dixièmement, le Gouvernement donnera aux Colons tous les encouragemens & tous les fecours qui feront en fon pouvoir, pour leur aider à réparer leurs pertes, fpécialement à l'égard de ceux qui, ayant perdu des Negres dans la révolte, défireroient les remplacer felon le nouveau mode de traite établi ci-deffus; à l'effet de quoi les Commiffaires Royaux feront munis des pouvoirs & inftructions néceffaires pour traiter avec le Gouvernement Africain.

Onzièmement, il fera, par la préfente Loi, formellement dérogé à toutes autres qui pourroient avoir des difpofitions contraires.